The Rain in Copenhagen: Short Stories in Danish for Beginners

Artici Bilingual Books

Published by Artici Bilingual Books, 2024.

While every precaution has been taken in the preparation of this book, the publisher assumes no responsibility for errors or omissions, or for damages resulting from the use of the information contained herein.

THE RAIN IN COPENHAGEN: SHORT STORIES IN DANISH FOR BEGINNERS

First edition. April 8, 2024.

ISBN: 979-8224529988

Written by Artici Bilingual Books.

Table of Contents

Havets Hemmelighed

På kysten af en lille fiskerlandsby boede en gammel fisker ved navn Jens. Han havde tilbragt hele sit liv på havet og kendte hver bølge og hver fisk ved navn. Jens var en stille mand, der talte med sine øjne i stedet for med ord.

En dag, mens Jens var ude at fiske alene, mærkede han noget stort trække i linen. Han kæmpede mod det i timevis, indtil han endelig kunne få det op på båden. Det var en kæmpe tun, større end nogen Jens nogensinde havde set før.

Men da Jens skar tunen op, gjorde han en forbløffende opdagelse. Inde i dens mave lå en gammel krukke, tæt forseglet. Med forsigtige hænder åbnede Jens krukken og fandt indeni et gammelt kort, dækket af alger og saltvand.

Jens vidste, at dette kort var noget særligt. Det viste vejen til en skjult skat, som ingen havde fundet i generationer. En skat, der ville ændre alt for den lille landsby og dens indbyggere.

Uden at sige et ord til nogen, satte Jens kurs mod den hemmelige ø, som kortet pegede på. Han sejlede gennem storme og farlige farvande, men intet kunne stoppe ham. Hans beslutsomhed var som stålet i hans båd.

Endelig nåede Jens øen og begyndte at søge efter skatten. Han gravede dybt ned i sandet og flyttede store sten med sine bare hænder. Indtil han til sidst stod foran en gammel kiste, dækket af tang og koraller.

Med sit hjerte hamrende af spænding åbnede Jens kisten og fandt indeni en skat, der glimtede som stjernerne på himlen. Det var guld og sølv, perler og ædelstene, mere værdifuldt end noget, han nogensinde havde drømt om.

Men midt i sin glæde indså Jens, at skatten ikke kun tilhørte ham. Den tilhørte hele landsbyen, menneskene han elskede og respekterede så dybt.

Så han tog kun en håndfuld af skatten og lod resten være til de kommende generationer.

Da Jens vendte tilbage til landsbyen, var hans øjne det eneste svar, han gav på de spørgende blikke. Men i hans øjne kunne de se en glød af triumf og en dyb tilfredshed, som ingen ord kunne udtrykke.

Fra den dag blev Jens husket som en helt i landsbyens historie. Men han sagde aldrig et ord om skatten, der var blevet fundet. For nogle hemmeligheder er bedst bevaret mellem hav og himmel.

The Secret of the Sea

On the coast of a small fishing village lived an old fisherman named Jens. He had spent his entire life at sea and knew every wave and every fish by name. Jens was a quiet man who spoke with his eyes rather than with words.

One day, while Jens was out fishing alone, he felt something big tug on the line. He fought against it for hours until he finally managed to pull it up onto the boat. It was a giant tuna, larger than any Jens had ever seen before.

But as Jens cut open the tuna, he made a startling discovery. Inside its belly lay an old jar, tightly sealed. With careful hands, Jens opened the jar and found inside an old map, covered in algae and saltwater.

Jens knew that this map was something special. It showed the way to a hidden treasure that no one had found in generations. A treasure that would change everything for the small village and its inhabitants.

Without saying a word to anyone, Jens set sail for the secret island indicated on the map. He sailed through storms and treacherous waters, but nothing could stop him. His determination was like the steel in his boat.

Finally, Jens reached the island and began to search for the treasure. He dug deep into the sand and moved large rocks with his bare hands. Until he finally stood in front of an old chest, covered in seaweed and coral.

With his heart pounding with excitement, Jens opened the chest and found inside a treasure that glittered like the stars in the sky. It was gold and silver, pearls and gemstones, more valuable than anything he had ever dreamed of.

But in the midst of his joy, Jens realized that the treasure did not belong to him alone. It belonged to the entire village, the people he loved and respected so deeply. So he took only a handful of the treasure and left the rest for future generations.

When Jens returned to the village, his eyes were the only answer he gave to the questioning looks. But in his eyes, they could see a glow of triumph and a deep satisfaction that no words could express.

From that day on, Jens was remembered as a hero in the village's history. But he never spoke a word about the treasure that had been found. For some secrets are best kept between the sea and the sky.

Kærlighed ved Første Bid

I en hyggelig café i hjertet af København sad en ung kvinde ved navn Emma og nød en kop varm kaffe. Emma var en romantisk sjæl, der troede på kærlighed ved første blik og eventyr i hverdagen. Hun elskede at læse kærlighedsromaner og drømte om at finde sin egen perfekte kærlighedshistorie.

En dag, mens Emma sad og læste sin yndlingsbog, kom en ung mand ved navn Andreas ind i caféen. Andreas var en kok, der elskede at fortrylle folk med sine kulinariske kreationer. Han havde en lidenskab for madlavning og en smilende personlighed, der fangede alles opmærksomhed.

Da Andreas bestilte en kop kaffe og satte sig ved et bord nær Emma, følte hun straks en forbindelse til ham. Hendes hjerte begyndte at slå hurtigere, og hun kunne ikke lade være med at smile, når hun så på ham. Emma vidste, at der var noget specielt ved denne fremmede mand.

Mens Emma og Andreas begyndte at tale, opdagede de en fælles passion for mad og rejser. De delte historier om deres liv og drømme, og hvert øjeblik føltes som om de havde kendt hinanden i årevis. Der var en gnist mellem dem, der var svær at ignorere.

Da cafén lukkede, besluttede Emma og Andreas at gå en tur sammen gennem byen. De snakkede og lo, mens de udforskede gaderne og smagte på lokale delikatesser. Hver gang deres hænder rørte ved hinanden, føltes det som om tiden stod stille.

Pludselig standsede de ved en lille bagerbutik, der duftede af friskbagte kager og brød. Emma og Andreas kiggede på hinanden med et skævt smil og besluttede sig for at købe en kage sammen. De valgte en stor chokoladekage med jordbær på toppen og gik udenfor for at nyde den i måneskinnet.

Da Emma tog sit første bid af kagen, følte hun en bølge af lykke skylle gennem hende. Det var ikke bare en kage; det var en smagsoplevelse af kærlighed og eventyr. Og da Andreas tog sit første bid, kunne han mærke, at hans hjerte smeltede ved synet af Emmas smil.

Efter den uforglemmelige kageoplevelse gik Emma og Andreas hånd i hånd tilbage til caféen, hvor de først mødtes. De vidste begge, at de havde fundet noget særligt i hinanden, noget der gik ud over bare en almindelig første date.

Da de skiltes den aften, aftalte de at mødes igen dagen efter. Deres kærlighedshistorie var kun lige begyndt, men de vidste begge, at det var noget, der ville vare evigt.

I mange år efter den skæbnesvangre dag i caféen forblev Emma og Andreas sammen, delende deres kærlighed til mad, eventyr og hinanden. Og hver gang de tog et bid af en chokoladekage med jordbær, mindede det dem om det magiske øjeblik, hvor de fandt kærligheden ved første bid.

Love at First Bite

In a cozy café in the heart of Copenhagen, sat a young woman named Emma, enjoying a cup of hot coffee. Emma was a romantic soul who believed in love at first sight and adventure in everyday life. She loved reading romance novels and dreamed of finding her own perfect love story.

One day, while Emma was sitting and reading her favorite book, a young man named Andreas entered the café. Andreas was a chef who loved to enchant people with his culinary creations. He had a passion for cooking and a smiling personality that caught everyone's attention.

As Andreas ordered a cup of coffee and sat down at a table near Emma, she immediately felt a connection to him. Her heart started beating faster, and she couldn't help but smile when she looked at him. Emma knew there was something special about this stranger.

As Emma and Andreas began to talk, they discovered a shared passion for food and travel. They shared stories about their lives and dreams, and every moment felt like they had known each other for years. There was a spark between them that was hard to ignore.

When the café closed, Emma and Andreas decided to take a walk together through the city. They talked and laughed as they explored the streets and tasted local delicacies. Every time their hands touched, it felt like time stood still.

Suddenly, they stopped at a small bakery that smelled of freshly baked cakes and bread. Emma and Andreas looked at each other with a knowing smile and decided to buy a cake together. They chose a large chocolate cake with strawberries on top and went outside to enjoy it in the moonlight.

As Emma took her first bite of the cake, she felt a wave of happiness wash over her. It wasn't just a cake; it was a taste experience of love and adventure. And as Andreas took his first bite, he could feel his heart melting at the sight of Emma's smile.

After the unforgettable cake experience, Emma and Andreas walked hand in hand back to the café where they first met. They both knew they had found something special in each other, something that went beyond just a regular first date.

As they parted ways that evening, they agreed to meet again the next day. Their love story had only just begun, but they both knew it was something that would last forever.

For many years after that fateful day in the café, Emma and Andreas remained together, sharing their love for food, adventure, and each other. And every time they took a bite of a chocolate cake with strawberries, it reminded them of the magical moment when they found love at first bite.

Den Mystiske Ø

Dybt ude i det azurblå hav lå en ø, som kun de modigste søfolk turde nærme sig. Øen var dækket af tæt jungle og omringet af farlige strømme, der holdt de fleste mennesker væk. Men for en gruppe eventyrlystne opdagelsesrejsende var øen et mysterium, der skulle løses.

En dag satte en ung opdagelsesrejsende ved navn Jonas og hans hold af modige eventyrere kurs mod den mystiske ø. De var fast besluttet på at opdage dens hemmeligheder og bringe dem tilbage til verden udenfor.

Da de nærmede sig øen, blev de mødt af tætte tåger og brølende bølger. Men Jonas og hans hold lod sig ikke skræmme. De havde forberedt sig grundigt og var klar til at møde alle udfordringer, øen kunne kaste mod dem.

Da de landede på øens kyst, blev de straks mødt af en tæt jungle, der virkede som en labyrint af træer og planter. Men Jonas og hans hold fortsatte ufortrødent ind i junglen, ivrige efter at opdage dens hemmeligheder.

Efter flere timer med at vandre gennem junglen, opdagede de pludselig en gammel forladt by, der var blevet skjult af vegetationen. Byen var fyldt med forladte huse og ruiner, der gemte på spor af en glemt civilisation.

Da de udforskede byen nærmere, fandt de gamle skrifter og artefakter, der fortalte historien om øens fortid. De lærte om de mennesker, der engang havde boet på øen, og om de mysterier, der havde ført til deres forsvinden.

Men pludselig hørte Jonas og hans hold lyden af noget, der bevægede sig i junglen omkring dem. De vidste, at de ikke var alene på øen, og at der var noget, der fulgte efter dem i skyggerne.

Med deres hjerter hamrende af spænding fortsatte Jonas og hans hold deres udforskning af øen, altid på vagt for fare. De stødte på farlige dyr og udfordrende terræn, men intet kunne stoppe deres beslutsomhed.

Endelig nåede de øens indre og opdagede en gammel hule, der lå skjult bag en vandfald. I hulen fandt de det, de havde ledt efter hele tiden: en skat, der var gemt væk af øens tidligere beboere.

Jonas og hans hold indså, at de havde opdaget mere end bare en skat. De havde fundet nøglen til at forstå øens hemmeligheder.

Da de forlod øen og vendte tilbage til verden udenfor, vidste Jonas og hans hold, at de havde været en del af noget stort. De havde opdaget en verden af mysterier og eventyr, der ville forblive i deres hjerter for evigt.

The Mysterious Island

Deep in the azure blue sea lay an island that only the bravest sailors dared to approach. The island was covered in dense jungle and surrounded by dangerous currents that kept most people away. But for a group of adventurous explorers, the island was a mystery waiting to be solved.

One day, a young explorer named Jonas and his team of brave adventurers set sail for the mysterious island. They were determined to discover its secrets and bring them back to the outside world.

As they approached the island, they were met with thick fog and roaring waves. But Jonas and his team were not deterred. They had prepared thoroughly and were ready to face any challenges the island might throw at them.

When they landed on the island's coast, they were immediately greeted by dense jungle that seemed like a labyrinth of trees and plants. But Jonas and his team continued undeterred into the jungle, eager to uncover its secrets.

After several hours of trekking through the jungle, they suddenly stumbled upon an old abandoned city hidden by the vegetation. The city was filled with deserted houses and ruins that held clues of a forgotten civilization.

As they explored the city further, they found ancient writings and artifacts that told the story of the island's past. They learned about the people who once inhabited the island and the mysteries that led to their disappearance.

But suddenly, Jonas and his team heard the sound of something moving in the jungle around them. They knew they were not alone on the island, and that something was following them in the shadows.

With their hearts pounding with excitement, Jonas and his team continued their exploration of the island, always on guard for danger.

They encountered dangerous animals and challenging terrain, but nothing could stop their determination.

Finally, they reached the heart of the island and discovered an old cave hidden behind a waterfall. In the cave, they found what they had been searching for all along: a treasure hidden away by the island's former inhabitants.

Jonas and his team realized that they had discovered more than just a treasure. They had found the key to understanding the island's secrets.

As they left the island and returned to the outside world, Jonas and his team knew that they had been part of something great. They had discovered a world of mysteries and adventure that would remain in their hearts forever.

Det Magiske Tehus

I en stille gade i en lille dansk landsby lå et gammelt tehus med et magisk ry. Folk fra nær og fjern kom for at smage på teernes fortryllende aromaer og lade sig fortrylle af tehusets unikke atmosfære. Og bag tehusets dør gemte sig en helt særlig historie.

En dag kom en ung kvinde ved navn Marie til landsbyen. Hun havde hørt om det magiske tehus fra sin bedstemor og var ivrig efter at opleve det selv. Marie havde altid været fascineret af te og drømte om at opdage de skjulte hemmeligheder bag tehusets døre.

Da Marie trådte ind i tehuset, blev hun straks mødt af en berusende duft af forskellige teer. Hendes øjne lyste af begejstring, da hun så de smukke kander og kopper, der fyldte rummet, og hun kunne næsten mærke teernes magiske virkning på sin sjæl.

Marie blev budt velkommen af tehusets ejer, en ældre kvinde ved navn Agnes, der kendte teernes hemmeligheder bedre end nogen. Agnes inviterede Marie til at sætte sig ned og nyde en kop af tehusets mest eksotiske te.

Mens Marie nød sin te, begyndte Agnes at fortælle hende historien om tehuset og dets magiske kræfter. Hun fortalte om de gamle ritualer og traditioner, der blev brugt til at brygge teerne, og om de helbredende egenskaber, som teerne havde på krop og sind.

Marie lyttede ivrigt til Agnes' historie og kunne mærke, hvordan tehusets atmosfære omsluttede hende som en varm dyne. Hun følte sig hjemme på en måde, hun aldrig havde følt før, og vidste, at dette var et sted, hvor hun hørte til.

Da det blev tid til at sige farvel, sagde Marie tak til Agnes for hendes gæstfrihed og løfte om at vende tilbage igen snart. Hun forlod tehuset med hjertet fuld af glæde og en nyfunden tro på magien i livet.

For selvom tehuset måske ikke var magisk i traditionel forstand, var dets evne til at bringe folk sammen og skabe en følelse af fællesskab og velvære sandelig noget helt særligt.

The Magical Teahouse

In a quiet street in a small Danish village stood an old teahouse with a magical reputation. People from near and far came to taste the enchanting aromas of the teas and to be enchanted by the teahouse's unique atmosphere. And behind the teahouse's door hid a very special story.

One day, a young woman named Marie arrived in the village. She had heard about the magical teahouse from her grandmother and was eager to experience it for herself. Marie had always been fascinated by tea and dreamed of discovering the hidden secrets behind the teahouse's doors.

As Marie stepped into the teahouse, she was immediately greeted by a heady scent of various teas. Her eyes lit up with excitement as she saw the beautiful pots and cups that filled the room, and she could almost feel the teas' magical effect on her soul.

Marie was welcomed by the teahouse's owner, an elderly woman named Agnes, who knew the secrets of the teas better than anyone. Agnes invited Marie to sit down and enjoy a cup of the teahouse's most exotic tea.

While Marie savored her tea, Agnes began to tell her the story of the teahouse and its magical powers. She spoke of the ancient rituals and traditions used to brew the teas, and of the healing properties that the teas had on body and mind.

Marie listened eagerly to Agnes' story and could feel how the teahouse's atmosphere enveloped her like a warm blanket. She felt at home in a way she had never felt before, and knew that this was a place where she belonged.

When it was time to say goodbye, Marie thanked Agnes for her hospitality and promised to return again soon. She left the teahouse with her heart full of joy and a newfound belief in the magic of life.

For although the teahouse may not have been magical in the traditional sense, its ability to bring people together and create a sense of community and well-being was truly something very special.

En Nat Under Stjernerne

I en lille landsby langt væk fra byens travlhed boede en ung mand ved navn Lars. Lars var en drømmer, der elskede at gå lange ture og lade sine tanker vandre frit. Han var fascineret af stjernerne og drømte om at opleve eventyr langt væk fra sit hjem.

En aften, mens Lars vandrede gennem markerne uden for landsbyen, så han et lys i det fjerne. Nysgerrig begyndte han at følge lyset, der ledte ham dybere ind i skoven og væk fra alt, hvad han kendte.

Efter at have gået i timevis nåede Lars endelig frem til en åben plads i skoven, hvor et cirkus var ved at blive opstillet. Han så på med stor fascination, da artisterne udførte deres stunts og jonglerede med farverige kugler.

Men det, der virkelig fangede Lars' opmærksomhed, var den smukke kvinde, der stod midt på pladsen og sang med en stemme, der kunne fortrylle enhver. Hendes sang fyldte natten med magi og lod Lars glemme alt om tid og sted.

Da forestillingen var slut, kom kvinden hen til Lars og spurgte, om han ville følge med hende og cirkusset på deres rejse. Lars tøvede først, men hans eventyrlyst og længsel efter noget mere fik ham til at sige ja.

Så begyndte Lars' liv som en del af cirkusset. Han lærte at jonglere, optræde på line og mestre andre cirkusnumre. Han rejste fra by til by, fra landsby til landsby, og oplevede verden på en måde, han aldrig havde troet muligt.

Men selvom Lars elskede sit nye liv, kunne han ikke lade være med at tænke på sin familie derhjemme. Han savnede deres varme og kærlighed og følte sig ofte ensom, selv blandt alle de mennesker, han mødte på sin rejse.

En nat, da cirkusset holdt pause i en lille landsby, gik Lars ud alene for at tage en tur under stjernerne. Han lagde sig på græsset og kiggede op på himlen, overvældet af følelser af længsel og savn.

Pludselig hørte Lars en stemme bag sig. Det var kvinden fra cirkusset, der kom hen til ham og satte sig ved hans side. De sad sammen i stilhed og kiggede op på stjernerne, mens natten omsluttede dem med sin magi.

Kvinden fortalte Lars om sit eget liv og de udfordringer, hun havde stået over for på sin rejse. Hun fortalte ham om vigtigheden af at følge sit hjerte og aldrig miste håbet, selv når livet var svært.

Da solen stod op dagen efter, besluttede Lars sig for at tage afsked med cirkusset og vende tilbage til sin landsby. Han vidste, at hans plads var derhjemme hos sin familie, og at han altid ville have minderne fra sit eventyr med cirkusset i sit hjerte.

A Night Under the Stars

In a small village far away from the hustle and bustle of the city lived a young man named Lars. Lars was a dreamer who loved to take long walks and let his thoughts wander freely. He was fascinated by the stars and dreamed of experiencing adventures far away from his home.

One evening, while Lars was wandering through the fields outside the village, he saw a light in the distance. Curious, he began to follow the light, which led him deeper into the forest and away from everything he knew.

After walking for hours, Lars finally reached an open clearing in the forest where a circus was being set up. He watched with great fascination as the performers performed their stunts and juggled with colorful balls. But what really caught Lars' attention was the beautiful woman standing in the middle of the clearing, singing with a voice that could enchant anyone. Her song filled the night with magic and made Lars forget all about time and place.

When the performance was over, the woman approached Lars and asked if he would like to join her and the circus on their journey. Lars hesitated at first, but his sense of adventure and longing for something more made him say yes.

So began Lars' life as part of the circus. He learned to juggle, perform on the tightrope, and master other circus acts. He traveled from city to city, from village to village, and experienced the world in a way he had never thought possible.

But even though Lars loved his new life, he couldn't help but think of his family back home. He missed their warmth and love and often felt lonely, even among all the people he met on his journey.

One night, when the circus was taking a break in a small village, Lars went out alone for a walk under the stars. He lay down on the grass and looked up at the sky, overwhelmed by feelings of longing and nostalgia. Suddenly, Lars heard a voice behind him. It was the woman from the circus, who came over and sat down beside him. They sat together in silence, gazing up at the stars, while the night enveloped them with its magic.

The woman told Lars about her own life and the challenges she had faced on her journey. She told him about the importance of following his heart and never losing hope, even when life was difficult.

When the sun rose the next day, Lars decided to bid farewell to the circus and return to his village. He knew that his place was at home with his family, and that he would always carry the memories of his adventure with the circus in his heart.

En Sommeraften

På en varm sommeraften, hvor solen var ved at gå ned bag horisonten, gik en ung mand ved navn Emil en tur langs stranden. Han nød synet af det glitrende hav og lyden af bølgerne, der skvulpede mod kysten.

Emil havde altid elsket at gå ture langs stranden og lade tankerne flyde frit. Han tænkte på livet og dets mange muligheder, mens han gik og følte sandet mellem tæerne.

Pludselig hørte Emil en stemme, der kaldte hans navn. Han kiggede op og opdagede en ung kvinde, der sad på en klippe ved vandkanten. Hendes hår var gyldent som solens stråler, og hendes øjne skinnede som stjernerne på himlen.

Kvinden smilede til Emil og inviterede ham til at sidde hos hende. Emil nølede først, men så gik han hen til klippen og satte sig ved siden af hende.

De to begyndte at snakke og dele historier om deres liv og drømme. Emil fortalte kvinden om sine rejser og eventyr, og hun lyttede opmærksomt, som om hans ord var de mest fascinerende ting, hun nogensinde havde hørt.

Kvinden fortalte Emil om hendes kærlighed til havet og de mange skatte, det gemte under overfladen. Hun drømte om at udforske verden og opdage nye steder og skabninger, der levede i havets dyb.

Emil blev fascineret af kvindens historier og følte sig fortryllet af hendes skønhed og visdom. Han vidste, at han havde mødt en særlig person på denne sommeraften, og han ønskede ikke, at øjeblikket skulle ende.

De to sad sammen på klippen og nød hinandens selskab, mens solen langsomt forsvandt bag horisonten, og stjernerne begyndte at skinne på himlen.

Emil følte en dyb forbindelse til kvinden ved sin side, som om de to var skæbnebestemt til at møde hinanden på denne sommeraften ved stranden.

Da natten faldt på, og månen steg op over horisonten, tog Emil kvindens hånd i sin, og de gik sammen langs stranden under månens skær.

De talte ikke meget, men nød blot hinandens nærvær og det magiske øjeblik, de delte sammen.

Da de nåede enden af stranden, stoppede Emil op og kiggede ind i kvindens øjne. Han vidste, at han havde fundet noget særligt i hende, noget, han ikke havde kendt før.

Kvinden smilte til ham og lagde forsigtigt sin hånd på hans kind. De stod der et øjeblik og så ind i hinandens øjne, som om tiden stod stille omkring dem.

Pludselig blev Emil vækket fra sin trance af lyden af bølgerne, der skvulpede mod kysten. Han kiggede rundt og opdagede, at kvinden var forsvundet, som om hun var blevet båret væk af havets bølger.

Emil stod der alene på stranden og kiggede ud over det glitrende hav. Han vidste ikke, om kvinden virkelig var der eller blot en drøm, men han vidste, at han aldrig ville glemme hende og den magiske sommeraften, de havde delt sammen.

Han vendte langsomt tilbage til sit hjem, men tankerne om kvinden fulgte ham hele vejen. Han vidste, at selvom han måske aldrig ville se hende igen, ville hendes minde altid være i hans hjerte og sind.

Og når han en dag ville se ud over havets uendelige horisont, ville han tænke tilbage på den sommeraften og smile ved tanken om den skønhed og magi, han havde oplevet.

A Summer Evening

On a warm summer evening, as the sun was setting behind the horizon, a young man named Emil took a walk along the beach. He enjoyed the sight of the sparkling sea and the sound of the waves lapping against the shore.

Emil had always loved walking along the beach and letting his thoughts flow freely. He pondered life and its many possibilities as he walked, feeling the sand between his toes.

Suddenly, Emil heard a voice calling his name. He looked up and spotted a young woman sitting on a rock by the water's edge. Her hair was golden like the sun's rays, and her eyes sparkled like the stars in the sky.

The woman smiled at Emil and invited him to sit with her. Emil hesitated at first, but then he walked over to the rock and sat down beside her.

The two began to talk and share stories about their lives and dreams. Emil told the woman about his travels and adventures, and she listened attentively, as if his words were the most fascinating things she had ever heard.

The woman told Emil about her love for the sea and the many treasures it held beneath the surface. She dreamed of exploring the world and discovering new places and creatures that lived in the depths of the sea.

Emil was fascinated by the woman's stories and felt enchanted by her beauty and wisdom. He knew he had met a special person on this summer evening, and he didn't want the moment to end.

The two sat together on the rock, enjoying each other's company, as the sun slowly disappeared behind the horizon and the stars began to shine in the sky.

Emil felt a deep connection to the woman by his side, as if the two were destined to meet on this summer evening by the beach.

As night fell and the moon rose above the horizon, Emil took the woman's hand in his, and they walked together along the beach in the moonlight.

They didn't speak much, but simply enjoyed each other's presence and the magical moment they shared together.

When they reached the end of the beach, Emil stopped and looked into the woman's eyes. He knew he had found something special in her, something he had never known before.

The woman smiled at him and gently placed her hand on his cheek. They stood there for a moment, looking into each other's eyes, as if time stood still around them.

Suddenly, Emil was snapped out of his trance by the sound of the waves lapping against the shore. He looked around and realized that the woman had disappeared, as if she had been carried away by the waves of the sea.

Emil stood alone on the beach, gazing out over the sparkling sea. He didn't know if the woman was truly there or just a dream, but he knew he would never forget her and the magical summer evening they had shared together.

He slowly made his way back home, but thoughts of the woman followed him all the way. He knew that even though he might never see her again, her memory would always be in his heart and mind.

And when he looked out over the endless horizon of the sea one day, he would think back to that summer evening and smile at the beauty and magic he had experienced.

En Regnfuld Dag

På en grå og regnfuld dag, hvor skyerne hang tunge over himlen, gik en ældre mand ved navn Jens en tur gennem byens gader. Han bar på en gammel paraply, som han havde haft i mange år, og som havde set bedre dage.

Jens traskede gennem de våde gader og tænkte tilbage på sit liv. Han mindedes de glade dage og de triste dage, der var gået forbi, og spekulerede på, hvad fremtiden ville bringe.

Pludselig hørte Jens lyden af musik komme fra et åbent vindue. Han stoppede op og lyttede til den beroligende melodi, der fyldte luften og tog ham med til en anden tid og et andet sted.

Han fulgte lyden og fandt sig selv foran en lille café, hvor en ung kvinde sad ved et klaver og spillede. Hendes musik var som en balsam for Jens' sjæl, og han følte sig straks tiltrukket af hendes talent og skønhed.

Kvinden bemærkede Jens' tilstedeværelse og smilede venligt til ham. Hun inviterede ham indenfor og bad ham om at tage plads ved et af bordene.

Jens takkede hende og satte sig ned, mens han fortsatte med at lytte til hendes musik. Han følte sig fyldt af en ro, han ikke havde følt længe, og han lod sig synke ned i øjeblikket.

Efter et stykke tid standsede kvinden sin musik og gik hen til Jens. Hun spurgte ham, om han ville dele sin historie med hende, og Jens nikkede stille og begyndte at fortælle.

Han fortalte hende om sit liv, om glæder og sorger, om tab og kærlighed. Han åbnede sit hjerte og lod sine følelser strømme frit, som om musikken havde frigjort dem fra deres fangenskab.

Kvinden lyttede opmærksomt til Jens' ord og lagde forsigtigt en hånd på hans skulder. Hun sagde ikke meget, men hendes tilstedeværelse var som et lys i mørket, der gav Jens håb og trøst.

Da regnen stilnede af udenfor, besluttede Jens sig for at forlade caféen og fortsætte sin tur gennem byen. Han takkede kvinden for hendes venlighed og musik og lovede at vende tilbage en anden dag.

Men selvom han forlod caféen, forlod han ikke den følelse af fred og ro, som han havde fundet der.

På hans vej hjem begyndte solen langsomt at bryde igennem skyerne, og Jens så en regnbue danse over himlen. Han smilede ved synet af de strålende farver og vidste, at selv på de mørkeste dage var der altid håb og skønhed at finde, hvis man blot turde se efter det.

A Rainy Day

On a gray and rainy day, with clouds hanging heavily in the sky, an older man named Jens took a walk through the city streets. He carried an old umbrella, which he had had for many years and which had seen better days.

Jens trudged through the wet streets, reminiscing about his life. He remembered the happy days and the sad days that had passed, and wondered what the future would bring.

Suddenly, Jens heard the sound of music coming from an open window. He stopped and listened to the soothing melody filling the air, taking him to another time and place.

He followed the sound and found himself in front of a small café, where a young woman sat at a piano playing. Her music was like balm to Jens' soul, and he immediately felt drawn to her talent and beauty.

The woman noticed Jens' presence and smiled kindly at him. She invited him inside and asked him to take a seat at one of the tables.

Jens thanked her and sat down, continuing to listen to her music. He felt filled with a calmness he hadn't felt in a long time, and he allowed himself to sink into the moment.

After a while, the woman stopped her music and approached Jens. She asked him if he would share his story with her, and Jens nodded quietly, beginning to speak.

He told her about his life, about joys and sorrows, about loss and love. He opened his heart and let his emotions flow freely, as if the music had released them from their captivity.

The woman listened attentively to Jens' words and gently placed a hand on his shoulder. She didn't say much, but her presence was like a light in the darkness, giving Jens hope and comfort.

As the rain subsided outside, Jens decided to leave the café and continue his walk through the city. He thanked the woman for her kindness and music, promising to return another day.

But even though he left the café, he didn't leave behind the feeling of peace and tranquility he had found there.

On his way home, the sun slowly began to break through the clouds, and Jens saw a rainbow dancing across the sky. He smiled at the sight of the brilliant colors, knowing that even on the darkest days, there was always hope and beauty to be found if one dared to look for it.

Lyden af Stilhed

Der var en gang en mand ved navn Lars, som boede i en lille landsby langt ude på landet i Danmark. Lars var ikke som de andre i landsbyen. Han var stille og observerende. Mens de andre arbejdede på markerne eller snakkede højlydt på gaderne, sad Lars stille ved vinduet og så ud på verden.

Hver dag gik Lars en tur i skoven. Han elskede skovens stilhed, hvor kun lyden af træernes blide susen og fuglenes sagte sang kunne høres. Det var hans eget lille paradis, hvor han kunne lade tankerne flyde frit.

En dag, da Lars vandrede gennem skoven, hørte han pludselig en lyd, som han aldrig havde hørt før. Det var en lyd, der skar igennem stilheden og forstyrrede hans fredelige tilværelse. Det var lyden af en gråd.

Han fulgte lyden og fandt en lille pige, siddende ved foden af et træ. Hendes tårer flød som små floder ned ad hendes kinder. Lars nærmede sig forsigtigt og spurgte: "Hvad er der galt, lille pige?"

Pigen kiggede op med røde øjne og svarede snøftende: "Jeg er blevet væk fra min familie. Jeg ved ikke, hvordan jeg skal komme hjem."

Lars følte medlidenhed for pigen og besluttede at hjælpe hende med at finde hjem. Han rakte sin hånd ud, og pigen tog den forsigtigt. Sammen begav de sig ud på en rejse gennem skoven.

Undervejs fortalte pigen Lars om sin familie og hvor meget hun savnede dem. Lars lyttede stille og nikkede forstående. Han forstod følelsen af at være alene og savne sit hjem.

Efter lang tids vandring gennem skoven, kom de endelig til en lysning, hvor solen skinnede gennem træernes grene. I det fjerne kunne de høre lyden af en flod, der rislede stille.

Pigen genkendte stedet og udbrød: "Det er min families gård! Vi er hjemme!"

Hun løb afsted, og Lars fulgte efter hende. Da de nåede gården, blev de mødt af glade ansigter. Pigens familie havde været meget bekymrede, men nu var de lettet over at se hende i sikkerhed.

Pigen omfavnede sin familie, og de takkede Lars for at have hjulpet hende med at finde hjem. Lars smilede beskedent og sagde, at det var det mindste, han kunne gøre.

Da Lars vendte tilbage til sin egen lille hytte i skoven, følte han en varm følelse indeni.

Og selvom tiden gik, og dagene skiftede, forblev lyden af stilhedens skov en konstant følgesvend for Lars. Men nu vidste han, at selv i stilhedens øjeblikke kunne en lille stemme eller en svag gråd være et kald om hjælp, som ikke skulle ignoreres.

The Sound of Silence

Once upon a time, there was a man named Lars who lived in a small village deep in the countryside of Denmark. Lars was unlike the others in the village. He was quiet and observant. While the others worked in the fields or chatted loudly in the streets, Lars sat quietly by the window and looked out at the world.

Every day Lars took a walk in the forest. He loved the silence of the forest, where only the sound of the trees' gentle rustling and the birds' soft singing could be heard. It was his own little paradise, where he could let his thoughts flow freely.

One day, as Lars wandered through the forest, he suddenly heard a sound he had never heard before. It was a sound that cut through the silence and disturbed his peaceful existence. It was the sound of crying.

He followed the sound and found a little girl sitting at the foot of a tree. Her tears flowed like small rivers down her cheeks. Lars approached cautiously and asked, "What's wrong, little girl?"

The girl looked up with red eyes and sniffled, "I got lost from my family. I don't know how to get home."

Lars felt sorry for the girl and decided to help her find her way home. He reached out his hand, and the girl took it gently. Together they set out on a journey through the forest.

Along the way, the girl told Lars about her family and how much she missed them. Lars listened quietly and nodded understandingly. He understood the feeling of being alone and missing home.

After a long walk through the forest, they finally reached a clearing where the sun shone through the branches of the trees. In the distance, they could hear the sound of a river flowing gently.

The girl recognized the place and exclaimed, "It's my family's farm! We're home!"

She ran ahead, and Lars followed her. When they reached the farm, they were greeted by happy faces. The girl's family had been very worried, but now they were relieved to see her safe.

The girl embraced her family, and they thanked Lars for helping her find her way home. Lars smiled modestly and said it was the least he could do. As Lars returned to his own little cottage in the forest, he felt a warm feeling inside.

And as time passed and the days changed, the sound of the silence of the forest remained a constant companion for Lars. But now he knew that even in moments of silence, a small voice or a faint cry could break through and demand attention.

Regnen i København

Regnen faldt tungt over København, dæmpende byens travle puls til en sagte hvisken. Nikolaj stod ved vinduet i sin lille lejlighed med en kop varm kaffe i hånden og betragtede regndråberne, der dansede på ruden.

Han havde boet i København i flere år nu, men byen havde aldrig mistet sin magi for ham. Hver gade, hvert gadehjørne gemte på minder og historier, som kun han kendte til.

I dag var en af disse dage, hvor han følte sig særligt forbundet med byen. Regnen skabte et slør af mystik, der omsluttede København og gjorde den endnu mere indbydende.

Nikolaj tog sin jakke og forlod lejligheden. Han elskede at gå i København, især når det regnede. Gaderne blev glatte af regnen, og lyden af hans skridt blev dæmpet af de våde brosten.

Han gik mod byens centrum, hvor han vidste, at han kunne finde sin yndlingscafé. Caféen lå gemt væk i en lille sidegade, men for Nikolaj var den et tilflugtssted, et sted hvor han kunne slappe af og lade tankerne flyde frit.

Da han nåede caféen, trådte han indenfor og blev mødt af varmen fra det dampende kaffe og den sagte summen af mennesker, der talte i dæmpede stemmer. Han fandt et bord ved vinduet og lod sig synke ned i stolen med en lettelse.

Han bestilte en kop kaffe og lod sit blik vandre ud på gaden, hvor regnen stadig faldt ufortrødent. Folk gik forbi med paraplyer trukket tæt sammen, mens bilerne kørte langsomt gennem de våde gader.

Nikolaj nød øjeblikket, følelsen af at være midt i livets pulserende strøm, selvom han sad stille i sin egen lille verden ved vinduet.

Efter et stykke tid kom tjeneren med hans kaffe. Han tog en dyb slurk og lod den varme væske strømme ned gennem halsen. Det var som om, at hver slurk fyldte ham med varme og energi, som han havde brug for på en dag som denne.

Han åbnede sin notesbog og begyndte at skrive, ladende ordene flyde frit som regnen udenfor. Han skrev om København, om dens gader og dens mennesker, om de små øjeblikke af skønhed, som kun kunne findes i regnen.

Mens han skrev, blev han opslugt af sine egne tanker, fortabt i en verden af ord og billeder. Tiden forsvandt, og han blev først revet ud af sin trance, da tjeneren kom og spurgte, om han ville have mere kaffe.

Han takkede høfligt nej og betalte for kaffen, før han forlod caféen og vendte tilbage til gaderne i København. Regnen var aftaget lidt, men den var stadig til stede, som en konstant følgesvend på hans rejse gennem byen.

The Rain in Copenhagen

The rain fell heavily over Copenhagen, dampening the city's busy pulse to a soft whisper. Nikolaj stood by the window in his small apartment, holding a cup of hot coffee in his hand and watching the raindrops dance on the glass.

He had lived in Copenhagen for several years now, but the city had never lost its magic for him. Every street, every street corner held memories and stories that only he knew.

Today was one of those days when he felt particularly connected to the city. The rain created a veil of mystery that enveloped Copenhagen, making it even more inviting.

Nikolaj put on his jacket and left the apartment. He loved walking in Copenhagen, especially when it rained. The streets became slippery with rain, and the sound of his footsteps was muffled by the wet cobblestones. He headed towards the city center, where he knew he could find his favorite café. The café was tucked away in a small side street, but for Nikolaj, it was a refuge, a place where he could relax and let his thoughts flow freely.

When he reached the café, he stepped inside and was greeted by the warmth of the steaming coffee and the soft hum of people speaking in hushed tones. He found a table by the window and sank into the chair with a sigh of relief.

He ordered a cup of coffee and let his gaze wander out onto the street, where the rain was still falling steadily. People walked by with umbrellas held tightly, while cars drove slowly through the wet streets.

Nikolaj savored the moment, the feeling of being in the midst of life's pulsating stream, even though he sat quietly in his own little world by the window.

After a while, the waiter brought his coffee. He took a deep sip and felt the warm liquid flow down his throat. It was as if each sip filled him with warmth and energy, which he needed on a day like this.

He opened his notebook and began to write, letting the words flow freely like the rain outside. He wrote about Copenhagen, about its streets and its people, about the small moments of beauty that could only be found in the rain.

As he wrote, he became absorbed in his own thoughts, lost in a world of words and images. Time passed, and he was only snapped out of his trance when the waiter came and asked if he wanted more coffee.

He politely declined and paid for the coffee before leaving the café and returning to the streets of Copenhagen. The rain had subsided slightly, but it was still present, like a constant companion on his journey through the city.

Nattens Hemmelighed

I den gamle by af Roskilde hvilede natten tungt over de brostensbelagte gader. Månen kastede sit blide skær ned over de gamle bygninger, der gemte på århundreders hemmeligheder.

I en af de små gyder boede en enlig kvinde ved navn Emma. Hun var en stille og tænksom sjæl, der elskede at vandre gennem byens smalle stræder om natten. Hun følte sig mere levende, når verden sov og natten åbnede sig for hende som et mørkt lærred.

En nat, da Emma vandrede gennem gaderne, hørte hun en svag hvisken, der syntes at komme fra en af de gamle bygninger. Hendes nysgerrighed blev vakt, og hun fulgte lyden ind i en smal gyde.

Der, gemt væk i skyggerne, opdagede hun en skikkelse, der stirrede intens på hende med glødende øjne. Det var en mand iført gamle klæder, hvis ansigt var bleg som månelys.

Emma var først bange, men noget i mandens blik fik hende til at føle en uforklarlig ro. Han trådte frem i lyset og talte med en stemme, der var fyldt med en gammel visdom og sorg.

"Jeg er en vampyr," sagde han. "En skabning af natten, dømt til at vandre i evighedens mørke."

Emma følte sig forbløffet over hans ord, men hun kunne ikke lade være med at lytte til ham, som om hans stemme havde en dragende kraft over hende.

Manden fortsatte med at fortælle hende sin historie, om hvordan han var blevet forvandlet til en vampyr for århundreder siden og nu levede i skyggerne, bortvist fra menneskers verden.

Emma lyttede stille til hans ord, fascineret af hans fortælling om ensomhed og længsel efter en fortabt menneskelig eksistens. Hun kunne mærke smerten i hans stemme og følte en dyb medfølelse for ham.

Da manden var færdig med sin fortælling, spurgte han Emma, om hun ville forblive hans ven, om hun ville dele sit liv med ham i nattens hemmelige riger.

Emma tøvede, men noget inde i hende trak hende mod manden, mod det ukendte og mystiske liv, han tilbød hende. Hun gav ham sit svar med et forsigtigt nik, og i det øjeblik blev deres skæbner for evigt forbundet.

Fra den nat begyndte Emma at leve et dobbeltliv. Om dagen var hun den stille kvinde, der gik omkring i byen, uset af de mennesker, der omgav hende. Men når natten faldt på, forvandlede hun sig til en væsen af skyggerne, der udforskede nattens mysterier sammen med sin vampyrven.

Sammen udforskede de byens skjulte kroge og hemmelige steder, hvor mennesker aldrig ville drømme om at gå. De delte øjeblikke af dyb forbindelse og forståelse, der kun kunne findes i nattens stille time.

Men selv i deres lykke kunne de ikke undgå skyggerne fra deres fortid, der fulgte dem som tåger gennem natten. For vampyren bar byrden af århundreder af ensomhed og tab, mens Emma kæmpede med at balancere mellem sit menneskelige og vampyrliv.

Til trods for de udfordringer, de mødte, nægtede de at lade mørket overtage dem. De fortsatte med at vandre gennem nattens riger, hånd i hånd, som to sjæle, der var skæbnebestemt til at dele deres liv i evighedens mørke.

Og selv når morgenen kom og natten ebbede væk, vidste de, at de altid ville være sammen, bundet af en kærlighed, der var stærkere end døden selv. For i nattens hemmelighed fandt de en sjæleven, der varer for evigt.

The Secret of the Night

In the old city of Roskilde, the night rested heavily over the cobblestone streets. The moon cast its gentle glow over the old buildings that hid the secrets of centuries.

In one of the narrow alleyways lived a solitary woman named Emma. She was a quiet and contemplative soul who loved to wander through the city's narrow streets at night. She felt more alive when the world slept and the night unfolded before her like a dark canvas.

One night, as Emma wandered through the streets, she heard a faint whisper coming from one of the old buildings. Her curiosity was piqued, and she followed the sound into a narrow alley.

There, hidden in the shadows, she discovered a figure staring intensely at her with glowing eyes. It was a man dressed in old clothes, his face as pale as moonlight.

Emma was initially frightened, but something in the man's gaze made her feel an inexplicable calm. He stepped forward into the light and spoke with a voice filled with ancient wisdom and sorrow.

"I am a vampire," he said. "A creature of the night, condemned to wander in the darkness of eternity."

Emma was stunned by his words, but she couldn't help but listen to him, as if his voice held a mesmerizing power over her.

The man continued to tell her his story, of how he had been transformed into a vampire centuries ago and now lived in the shadows, banished from the world of humans.

Emma listened quietly to his words, fascinated by his tale of loneliness and longing for a lost human existence. She could feel the pain in his voice and felt a deep compassion for him.

When the man finished his story, he asked Emma if she would remain his friend, if she would share her life with him in the secret realms of the night.

Emma hesitated, but something inside her drew her to the man, to the unknown and mysterious life he offered her. She gave him her answer with a cautious nod, and in that moment, their destinies became forever intertwined.

From that night on, Emma began to live a double life. By day, she was the quiet woman who roamed the city, unseen by the people who surrounded her. But when night fell, she transformed into a creature of the shadows, exploring the mysteries of the night alongside her vampire friend.

Together, they explored the city's hidden nooks and secret places where humans would never dare to tread. They shared moments of deep connection and understanding that could only be found in the quiet hours of the night.

But even in their happiness, they could not escape the shadows of their past, which followed them like mists through the night. For the vampire bore the burden of centuries of loneliness and loss, while Emma struggled to balance her human and vampire lives.

Despite the challenges they faced, they refused to let the darkness consume them. They continued to wander through the realms of the night, hand in hand, like two souls destined to share their lives in the darkness of eternity.

And even as the morning came and the night ebbed away, they knew they would always be together, bound by a love stronger than death itself.

Because in the secret of the night they found a soulmate that lasts forever.

Spionen i Nabolaget

I en stille forstad til København boede hr. Jensen, en almindelig mand med et almindeligt job. Han passede sit arbejde som revisor om dagen og tilbragte sine aftener derhjemme med at se fjernsyn og læse avisen.

Men bag den tilsyneladende normale facade gemte der sig en hemmelighed. Hr. Jensen var en spion.

Hans job som revisor var blot en dække for hans sande opgave som agent for den danske efterretningstjeneste. Han tilbragte sine dage med at analysere regnskaber og balancer, men om natten var det hans opgave at infiltrere de mørkeste kroge af det kriminelle miljø.

En aften, mens hr. Jensen sad ved sit skrivebord og arbejdede med en bunke regnskaber, ringede telefonen. Det var hans kontakt i efterretningstjenesten, der bad ham om at mødes med det samme.

Hr. Jensen skyndte sig ud af huset og kørte hen til den hemmelige mødeplads, et lille café i udkanten af byen. Der ventede hans kontakt, en kvinde med kortklippet hår og skarpe øjne.

Hun overrakte ham en mappe med oplysninger om en mistænkelig person, der boede i hr. Jensens eget nabolag. "Vi har mistanke om, at han er en international våbensmugler," forklarede hun. "Din opgave er at finde ud af, hvad han laver, og hvis muligt, stoppe ham."

Hr. Jensen tog imod opgaven og lovede at gøre sit bedste. Han vendte tilbage til sit hjem og begyndte straks at overvåge den mistænkelige nabo.

Dag efter dag fulgte hr. Jensen sin nabo med diskretion, altid på vagt for tegn på ulovlige aktiviteter. Han opdagede, at naboens adfærd var mistænkelig, og han begyndte at samle beviser for at bekræfte sine mistanker.

En nat, mens hr. Jensen holdt vagt uden for naboens hus, opdagede han, at der var aktivitet i huset. Han skjulte sig i skyggerne og observerede, mens flere mistænkelige figurer kom og gik.

Det var tydeligt, at naboens hjem var en base for ulovlige aktiviteter, og hr. Jensen vidste, at han var nødt til at handle hurtigt for at forhindre en potentiel katastrofe.

Han kontaktede straks sin kontakt i efterretningstjenesten og delte sine opdagelser. Sammen udarbejdede de en plan for at arrestere naboens forbryderiske netværk og standse våbensmuglingen.

Den følgende nat slog politiet til mod naboens hus og anholdt alle de mistænkte. Våbnene blev konfiskeret, og naboens kriminelle aktiviteter blev stoppet for evigt.

Hr. Jensen vendte tilbage til sit normale liv som revisor, men denne gang med en følelse af stolthed og tilfredshed, velvidende at han altid ville være klar til at handle, når sit land havde brug for ham.

Og selvom hans naboer aldrig ville vide sandheden om hans dobbeltliv som spion, ville de altid huske ham som den stille mand, der boede ved siden af, og som altid var der for at hjælpe.

The Spy in the Neighborhood

In a quiet suburb of Copenhagen lived Mr. Jensen, an ordinary man with an ordinary job. He diligently worked as an accountant during the day and spent his evenings at home watching television and reading the newspaper.

But behind the seemingly normal facade lay a secret. Mr. Jensen was a spy. His job as an accountant was merely a cover for his true role as an agent for the Danish intelligence service. He spent his days analyzing accounts and balances, but at night, it was his task to infiltrate the darkest corners of the criminal underworld.

One evening, while Mr. Jensen was sitting at his desk working on a stack of accounts, the phone rang. It was his contact in the intelligence service, asking him to meet immediately.

Mr. Jensen hurried out of the house and drove to the secret meeting place, a small café on the outskirts of town. There, his contact awaited him, a woman with short-cropped hair and sharp eyes.

She handed him a folder containing information about a suspicious individual who lived in Mr. Jensen's own neighborhood. "We suspect he is an international arms smuggler," she explained. "Your task is to find out what he's up to and, if possible, stop him."

Mr. Jensen accepted the assignment and promised to do his best. He returned home and immediately began monitoring the suspicious neighbor.

Day after day, Mr. Jensen discreetly followed his neighbor, always on the lookout for signs of illegal activities. He discovered that the neighbor's behavior was indeed suspicious, and he began gathering evidence to confirm his suspicions.

One night, while Mr. Jensen was keeping watch outside the neighbor's house, he noticed activity inside. He concealed himself in the shadows and watched as several suspicious figures came and went.

It was clear that the neighbor's home was a hub for illegal activities, and Mr. Jensen knew he had to act quickly to prevent a potential disaster.

He immediately contacted his intelligence service contact and shared his findings. Together, they devised a plan to arrest the neighbor's criminal network and halt the arms smuggling.

The following night, the police raided the neighbor's house and arrested all the suspects. The weapons were confiscated, and the neighbor's criminal activities were permanently halted.

Mr. Jensen returned to his normal life as an accountant, but this time with a sense of pride and satisfaction, knowing that he would always be ready to act when his country needed him.

And although his neighbors would never know the truth about his double life as a spy, they would always remember him as the quiet man next door who was always there to help.

Eventyret om Den Tapre Dværg

Langt væk, i de dybe skove i det nordlige Danmark, boede der en lille dværg ved navn Frodi. Han var ikke som de andre dværge i hans landsby. Mens de fleste dværge foretrak at grave i miner og smede stål, havde Frodi altid drømt om eventyr og opdagelser.

En dag, da Frodi vandrede gennem skoven, hørte han et svagt kald om hjælp. Han fulgte lyden og opdagede en ung elver, der var faldet ned i en kløft og ikke kunne komme op igen.

Frodi skyndte sig til elverens side og rakte ham en hånd. Med sin stærke dværgestyrke løftede han elveren op fra kløften og satte ham sikkert på jorden.

"Jeg skylder dig min tak, gode dværg," sagde elveren med et smil. "Hvad kan jeg gøre for at vise min taknemmelighed?"

Frodi tænkte i et øjeblik og sagde så: "Jeg ønsker at opleve eventyr og opdagelser. Vil du vise mig verden uden for skoven?"

Elveren nikkede og førte Frodi ud af skoven og ind i det ukendte. De vandrede gennem vidder og over bjerge, og Frodi så ting, han aldrig havde drømt om: majestætiske søer, fortryllende skove og storslåede byer.

Men eventyret var ikke uden farer. Undervejs stødte de på en sulten drage, der vogtede en skat. Frodi og elveren kæmpede mod dragen og overvandt den med mod og snilde.

Da de endelig nåede frem til den anden side af bjergene, tog de afsked med hinanden. Frodi vendte tilbage til sin landsby som en helt, og elveren fortsatte sin rejse gennem verden.

Men eventyret var kun begyndelsen for Frodi. Inspireret af sine oplevelser besluttede han sig for at fortsætte med at udforske verden uden for sin landsby.

Han drog ud på nye eventyr, hvor han mødte mærkelige væsner og oplevede fantastiske steder. Han hjalp folk i nød og kæmpede mod onde kræfter, altid med mod og tapperhed.

Til sidst nåede han endda de fjerne lande i vest, hvor han opdagede en gammel skat, der havde været skjult i århundreder. Med sin trofaste hammer brød han skatten fri og bragte den tilbage til sit hjemland som en gave til sin landsby.

Men selvom Frodi havde oplevet mange eventyr og opdagelser, var han aldrig glemt, hvor han kom fra. Han vendte altid tilbage til sin landsby som en helt, der var stolt af sin dværgestyrke og sin tapperhed.

Og selv den dag i dag, når folk går gennem de dybe skove i det nordlige Danmark, kan de stadig høre historierne om den tapre dværg, der forlod sit hjem for at opleve verden uden for sin landsby.

The Tale of The Brave Dwarf

Far away, in the deep forests of northern Denmark, there lived a little dwarf named Frodi. He was not like the other dwarves in his village. While most dwarves preferred to dig in mines and forge steel, Frodi had always dreamed of adventures and discoveries.

One day, as Frodi wandered through the forest, he heard a faint call for help. He followed the sound and discovered a young elf who had fallen into a chasm and couldn't get back up.

Frodi hurried to the elf's side and reached out a hand. With his strong dwarf strength, he lifted the elf up from the chasm and set him safely on the ground.

"I owe you my thanks, kind dwarf," said the elf with a smile. "What can I do to show my gratitude?"

Frodi thought for a moment and then said, "I wish to experience adventures and discoveries. Will you show me the world outside the forest?"

The elf nodded and led Frodi out of the forest and into the unknown. They wandered through plains and over mountains, and Frodi saw things he had never dreamed of: majestic lakes, enchanting forests, and magnificent cities.

But the adventure was not without dangers. Along the way, they encountered a hungry dragon guarding a treasure. Frodi and the elf fought the dragon and overcame it with courage and cunning.

When they finally reached the other side of the mountains, they bid each other farewell. Frodi returned to his village as a hero, and the elf continued his journey through the world.

But the adventure was only the beginning for Frodi. Inspired by his experiences, he decided to continue exploring the world outside his village.

He embarked on new adventures, where he met strange creatures and experienced fantastic places. He helped people in need and fought against evil forces, always with courage and bravery.

Eventually, he even reached the distant lands in the west, where he discovered an ancient treasure that had been hidden for centuries. With his faithful hammer, he freed the treasure and brought it back to his homeland as a gift to his village.

But even though Frodi had experienced many adventures and discoveries, he never forgot where he came from. He always returned to his village as a hero, proud of his dwarf strength and his bravery.

And even today, when people walk through the deep forests of northern Denmark, they can still hear the stories of the brave dwarf who left his home to experience the world outside his village.

Forvandlingen

I en lille lejlighed i København boede der en mand ved navn Lars. Han var en almindelig mand med et almindeligt job som kontorassistent. Hver dag stod han tidligt op, tog på arbejde og vendte tilbage til sin ensomme lejlighed om aftenen.

En morgen vågnede Lars op og opdagede, at noget var forandret. Han kunne ikke sætte fingeren på det, men der var noget galt. Han følte sig tungere, klodset og mere utilpas end nogensinde før.

Han forsøgte at rejse sig fra sengen, men hans krop var ikke lydig. I stedet for at stå op lå han stadig i sin seng, men noget var anderledes. Han kiggede ned og opdagede, at han var blevet forvandlet til en kæmpe myre!

Lars var chokeret og forvirret over sin pludselige forvandling. Han prøvede at tale, men kun en summen kom ud af hans mund. Han prøvede at tænke klart, men hans tanker virkede slørede og forvirrede.

Han kravlede ud af sengen og forsøgte at bevæge sig rundt i lejligheden, men hans myrekrop var tung og klodset. Han følte sig fanget og magtesløs i sit eget hjem.

Mens dagene gik, forsøgte Lars at tilpasse sig sit nye liv som myre. Han lærte at navigere i sit hjem, selvom det var svært med hans store, uhandy krop.

Han opdagede, at hans syn var skærpet, og han kunne lugte og føle ting på en måde, han aldrig havde gjort før. Men samtidig savnede han sit menneskelige liv og sin frihed til at leve som han ønskede.

En dag, mens Lars kravlede rundt i sin lejlighed, hørte han en stemme udefra. Det var hans kollega, der var kommet for at se til ham, da han ikke havde været på arbejde i flere dage.

Lars forsøgte at råbe og advare sin kollega, men kun summen kom ud af hans mund. Han følte sig hjælpeløs, fanget i sin myrekrop og ude af stand til at kommunikere med verden udenfor.

Heldigvis opdagede hans kollega Lars i tide og fik hjælp til at redde ham. De tilkaldte en dyrlæge, der formåede at forvandle Lars tilbage til sin menneskelige form ved hjælp af en magisk eliksir.

Da Lars vågnede op igen i sin egen krop, var han taknemmelig for at være tilbage til sit normale liv. Han værdsatte nu sin menneskelighed og frihed mere end nogensinde før.

Men selvom han var tilbage til sit gamle liv, kunne han aldrig glemme sin oplevelse som myre. Det havde ændret ham for altid og givet ham en ny indsigt i verden omkring ham.

The Metamorphosis

In a small apartment in Copenhagen lived a man named Lars. He was an ordinary man with an ordinary job as an office assistant. Every day he woke up early, went to work, and returned to his lonely apartment in the evening.

One morning, Lars woke up and discovered that something had changed. He couldn't put his finger on it, but something was wrong. He felt heavier, clumsier, and more uncomfortable than ever before.

He tried to get out of bed, but his body wouldn't obey. Instead of standing up, he still lay in his bed, but something was different. He looked down and discovered that he had been transformed into a giant ant!

Lars was shocked and confused by his sudden transformation. He tried to speak, but only a buzzing sound came out of his mouth. He tried to think clearly, but his thoughts seemed blurred and confused.

He crawled out of bed and tried to move around the apartment, but his ant body was heavy and clumsy. He felt trapped and powerless in his own home.

As the days passed, Lars tried to adapt to his new life as an ant. He learned to navigate his home, although it was difficult with his large, unwieldy body.

He discovered that his vision was sharpened, and he could smell and feel things in a way he never had before. But at the same time, he missed his human life and his freedom to live as he wished.

One day, as Lars crawled around his apartment, he heard a voice from outside. It was his colleague who had come to check on him since he hadn't been at work for several days.

Lars tried to shout and warn his colleague, but only buzzing came out of his mouth. He felt helpless, trapped in his ant body and unable to communicate with the outside world.

Fortunately, his colleague discovered Lars in time and got help to rescue him. They called a veterinarian who managed to transform Lars back into his human form using a magical elixir.

When Lars woke up again in his own body, he was grateful to be back to his normal life. He now appreciated his humanity and freedom more than ever before.

But even though he was back to his old life, he could never forget his experience as an ant. It had changed him forever and gave him a new insight into the world around him.

Pigen og Sommerfuglen

I en lille landsby ved kysten boede der en pige ved navn Marie. Hun elskede at tilbringe sine dage ude i naturen, hvor hun fandt glæde i at samle blomster og lytte til fuglenes sang.

En dag, mens Marie vandrede gennem en smuk blomstereng, opdagede hun en ensom sommerfugl, der fløj rundt i cirkler. Sommerfuglen var smuk med sine farverige vinger, men den så også lidt forvirret ud.

Marie følte medlidenhed med sommerfuglen og besluttede sig for at hjælpe den. Hun strakte forsigtigt hånden ud og lod sommerfuglen lande på sin finger. "Hvad er der galt, lille ven?" spurgte hun med blid stemme.

Sommerfuglen fløj rundt og rundt, og det virkede som om, den forsøgte at fortælle hende noget. Marie lyttede opmærksomt og forsøgte at forstå sommerfuglens kryptiske sprog.

Til sidst indså Marie, at sommerfuglen led af ensomhed. Den havde fløjet langt væk fra sine venner og var nu blevet væk. Marie følte medlidenhed med sommerfuglen og besluttede sig for at hjælpe den med at finde hjem. Sammen begav de sig ud på en rejse gennem skov og mark, på jagt efter sommerfuglens venner. De mødte mange forskellige dyr på deres vej, fra majestætiske hjorte til små snegle, men ingen af dem havde set sommerfuglens venner.

Til sidst nåede de frem til en smuk have, hvor en flok sommerfugle fløj rundt mellem blomsterne. Sommerfuglen på Maries finger fløj straks hen til dem, og snart var den genforenet med sine venner.

Marie så glad på, mens sommerfuglen dansede glad omkring sammen med sine artsfæller.

Da solen begyndte at gå ned, besluttede Marie sig for at vende hjem.

Den følgende dag vågnede Marie op til lyden af fuglesang og solens varme stråler, der skinnede ind gennem vinduet. Hun smilede, velvidende om, at hun havde gjort noget godt i verden, og at hun altid ville have en ven i sommerfuglen, der fløj frit gennem himlen.

The Girl and the Butterfly

In a small village by the coast lived a girl named Marie. She loved spending her days out in nature, where she found joy in picking flowers and listening to the birdsong.

One day, while Marie was wandering through a beautiful meadow, she noticed a lonely butterfly fluttering around in circles. The butterfly was beautiful with its colorful wings, but it also seemed a bit confused.

Marie felt sorry for the butterfly and decided to help it. She gently reached out her hand and let the butterfly land on her finger. "What's wrong, little friend?" she asked in a gentle voice.

The butterfly flew around and around, and it seemed like it was trying to tell her something. Marie listened attentively and tried to understand the butterfly's cryptic language.

Finally, Marie realized that the butterfly was lonely. It had flown far away from its friends and was now lost. Marie felt sorry for the butterfly and decided to help it find its way home.

Together, they set out on a journey through forests and fields, searching for the butterfly's friends. They encountered many different animals along their way, from majestic deer to tiny snails, but none of them had seen the butterfly's friends.

At last, they reached a beautiful garden where a flock of butterflies fluttered around among the flowers. The butterfly on Marie's finger immediately flew over to them, and soon it was reunited with its friends. Marie watched happily as the butterfly danced joyfully around with its kindred spirits.

As the sun began to set, Marie decided to return home.

The next day, Marie woke up to the sound of birdsong and the warm rays of the sun shining through the window. She smiled, knowing that she had done something good in the world and that she would always have a friend in the butterfly, soaring freely through the sky.

En Tur ved Floden

Anna elskede at gå ture langs floden, især når solen skinnede og vinden blæste let gennem træerne. Hun havde altid følt en særlig forbindelse til vandet, der strømmede stille og roligt forbi, som om det bar på hemmeligheder og fortællinger fra fjerne lande.

En dag besluttede Anna sig for at tage en tur langs flodbredden. Hun pakkede en lille kurv med mad og drikke og begav sig ud på eventyr.

Mens hun vandrede gennem skoven, lod hun tankerne vandre frit og lod sig fordybe i de små detaljer omkring hende. Hun så solstrålerne danse på vandoverfladen og hørte fuglene synge melodiøse sange i trætoppene.

Pludselig hørte Anna en stemme kalde hendes navn. Hun kiggede sig omkring, men kunne ikke se nogen. Stemmen var blød og næsten hviskende, som om den kom fra en fjern verden.

"Kom nærmere, Anna," kaldte stemmen igen. Anna følte sig draget af stemmens kald og fulgte lyden ned mod floden.

Da hun nåede flodbredden, så hun en kvinde stå ved bredden og stirre ud over vandet. Kvinden havde langt, bølgende hår og øjne så dybe som havet selv.

"Jeg har ventet på dig, Anna," sagde kvinden med en stemme så blid som en sommerbris. "Jeg er floden, din gamle veninde, og jeg har en historie, jeg gerne vil dele med dig."

Anna lyttede opmærksomt, mens floden fortalte sin historie. Hun hørte om flodens rejse gennem tid og rum, om de mennesker og dyr, den havde mødt på sin vej, og om de hemmeligheder, den bar på i sit dybe, mørke vande.

Efter at have delt sin historie med Anna, bød floden hende farvel og forsvandt langsomt ind i det fjerne. Anna stod tilbage ved flodbredden, dybt rørt af det, hun havde hørt.

For Anna var denne tur ved floden mere end bare en vandring i naturen; det var en rejse ind i sit eget hjerte og sjæl, hvor hun fandt trøst, inspiration og et varigt venskab med floden, der altid ville være der for hende, når hun havde brug for det.

A Stroll by the River

Anna loved to take walks along the river, especially when the sun was shining and the wind blew gently through the trees. She had always felt a special connection to the water, flowing quietly and peacefully, as if it carried secrets and tales from distant lands.

One day, Anna decided to take a walk along the riverbank. She packed a small basket with food and drink and set out on her adventure.

As she wandered through the forest, she let her thoughts wander freely and immersed herself in the small details around her. She saw the sunbeams dancing on the water's surface and heard the birds singing melodic songs in the treetops.

Suddenly, Anna heard a voice calling her name. She looked around but couldn't see anyone. The voice was soft and almost whispering, as if it came from a distant world.

"Come closer, Anna," the voice called again. Anna felt drawn to the voice's call and followed the sound down to the river.

When she reached the riverbank, she saw a woman standing by the shore, gazing out over the water. The woman had long, flowing hair and eyes as deep as the sea itself.

"I have been waiting for you, Anna," said the woman with a voice as gentle as a summer breeze. "I am the river, your old friend, and I have a story I would like to share with you."

Anna listened attentively as the river told its story. She heard about the river's journey through time and space, about the people and animals it had met along its way, and about the secrets it held in its deep, dark waters.

After sharing its story with Anna, the river bid her farewell and slowly disappeared into the distance. Anna stood back at the riverbank, deeply moved by what she had heard.

For Anna, this stroll by the river was more than just a walk in nature; it was a journey into her own heart and soul, where she found comfort, inspiration, and a lasting friendship with the river, which would always be there for her when she needed it.